STEPHAN HEBEL

Sehr geehrter AfD-Wähler, wählen Sie sich nicht unglücklich!

Ein Brandbrief

WESTEND

Mehr über unsere Autoren und Bücher:
www.westendverlag.de

Die Deutsche Nationalbibliothek verzeichnet diese Publikation in
der Deutschen Nationalbibliografie; detaillierte bibliografische Daten
sind im Internet über http://dnb.d-nb.de abrufbar.

ISBN 978-3-86489-170-0
© Westend Verlag GmbH, Frankfurt/Main 2016
Umschlaggestaltung: Buchgut, Berlin
Satz: Publikations Atelier, Dreieich
Druck und Bindung: CPI – Clausen & Bosse, Leck
Printed in Germany

Inhalt

Vorwort   7

Sehr geehrter AfD-Wähler   11

Was will die AfD wirklich?   16

Sind die Flüchtlinge an allem schuld?   26

Wer soll das bezahlen?   38

Globalisierung: Bedrohung oder Auftrag?   43

Fremd im eigenen Land?   47

Anmerkungen   58

Vorwort

Die Idee zu diesem Brief ist am Abend des 4. September 2016 entstanden. Die AfD hatte bei der Landtagswahl in Mecklenburg-Vorpommern mit 20,8 Prozent den zweiten Platz erobert, hinter der SPD und noch vor der CDU. Ich hatte hier und da schon über die »Alternative für Deutschland« recherchiert und war immer wieder zu dem Ergebnis gekommen: Diese Partei propagiert nicht nur ein Wirtschafts- und Sozialsystem, über das manche ihrer Fans sich wundern würden, käme es je zur Geltung. Sie hat nicht nur ein Problem mit Bürgerfreiheit und Toleranz für Minderheiten. Vor allem ist ihr Welt- und Gesellschaftsbild im Kern rassistisch, denn es basiert auf ethnischer Homogenität der Nation und einer möglichst weitgehenden Ausgrenzung fremder Menschen und Kulturen.

Aber die Wählerinnen und Wähler? Unter ihnen befinden sich natürlich auch Menschen mit einem geschlossenen rechten bis rechtsextremen Weltbild. Aber alle sind das sicher nicht. Viele teilen die Ziele der AfD nicht, sondern wollen nur gegen die »Etablierten« protestieren.

Ich bin sicher: Dieser Teil der AfD-Wähler ist für demokratische Alternativen zur herrschenden Politik, an der auch ich viel auszusetzen habe, nicht verloren. Und deshalb habe ich an jenem 4. September überlegt, sie in einer Art offenem Brief direkt anzusprechen. Ihnen ein paar Argumente dafür an die Hand zu geben, dass sich am Ende selbst unglücklich wählt, wer der AfD seine Stimme gibt.

Dieser Brief erschien, wesentlich kürzer, zwei Tage nach der Landtagswahl in der *Frankfurter Rundschau*. Die Reaktionen waren so zahlreich, dass ich mich ermutigt fühlte, ihn in stark ausgebauter Form als Büchlein zu veröffentlichen.

Mein Appell ist also einerseits für diejenigen gedacht, die sich mit dem Gedanken tragen, ihren Protest an die AfD zu verschenken. Es soll aber zugleich allen anderen sachliche Argumente an die Hand geben, um den Parolen der selbsternannten »Alternative« etwas entgegenzusetzen.

Ein kleiner Hinweis dazu: Daran, den Parolen der AfD etwas entgegenzusetzen, arbeitet auch die von Parteien, Gewerkschaften und Nichtregierungsorganisationen getragene Initiative »Aufstehen gegen Rassismus«. Sie hat sich unter anderem vorgenommen, »Stammtischkämpferinnen und -kämpfer« mit Tipps und Argumenten zu versorgen, um sie im täglichen Widerspruch zu stärken. An dieses Projekt geht mein Honorar für die ersten tausend Exemplare dieses Büchleins als Spende. Näheres zu der Initiative finden Sie unter www.aufstehen-gegen-rassismus.de, zum Stammtischprojekt selbst unter www.aufstehen-netzwerk.de.

Ich danke der *Frankfurter Rundschau* für die freundliche Erlaubnis, meinen Brief für die Veröffentlichung in diesem Büchlein verwenden zu dürfen. Ich danke meiner Frau (und Kollegin) Tanja Kokoska, der ich nicht nur ein glückliches Leben, sondern auch unendlich viel Inspiration und kompetente Beratung verdanke. Und ich danke dem Westend Verlag, der das Projekt ohne Umschweife und in hohem Tempo in Angriff genommen hat. Das gilt wie immer besonders meinem klugen und kundigen Lektor Rüdiger Grünhagen.

Stephan Hebel
Frankfurt am Main, im September 2016

Sehr geehrter AfD-Wähler,

bleiben wir ruhig bei der höflichen Anrede, denn Sie sind keiner von den eingefleischten Rassisten unter den AfD-Wählern, die auf Ausländer und Minderheiten sowieso nur Hass verspüren. Solche Leute sind, befürchte ich, mit einem Brief wie diesem ohnehin nicht zu erreichen, und mit »Sehr geehrter ...« hätte ich sie auch nicht angesprochen. Nein, ich gehe mal davon aus, dass Sie die AfD nicht deshalb wählen, weil Sie prinzipiell etwas gegen Ausländer und Flüchtlinge hätten. Ich stelle mir vor, dass Sie zu denjenigen gehören, die man – viel zu pauschal – »Protestwähler« nennt. Übrigens: Falls Sie eine Frau sein sollten, verzeihen Sie bitte die rein männliche Anrede. Ich habe sie gewählt, weil in der Anhängerschaft der AfD Männer doppelt so oft vertreten sind wie Frauen.[1]

Wie Sie sehen, bin ich überzeugt, dass man den Erfolg der AfD nicht mit billigen Parolen wie »Alles Rassisten!« erklären kann. Sicher machen bei der Partei auch Leute ihr Kreuzchen, die ein verfestigtes rechtsextremes und fremdenfeindliches Weltbild haben. Aber schon an den Wählerwanderungen, von denen die AfD profitiert, lässt sich erkennen: Von den Stimmen der eingefleischten Rechtsextremisten allein könnte sie bei weitem nicht leben. Ganz offensichtlich ernährt sich die »Alternative für Deutschland« von der Unzufriedenheit mit der angeblich »alternativlosen« Politik der etablierten Parteien. Und diese Unzufriedenheit findet sich keineswegs nur unter Rechtsextremisten.

Vielleicht haben Sie ja früher mal die CDU gewählt, vielleicht die SPD oder auch die Linke. Vielleicht hatten Sie das Wählen auch schon aufgegeben, bevor die neue Partei entstand – und geben ihr jetzt aus Protest gegen das alte Parteiensystem Ihre Stimme. Wie auch immer, Sie sind nicht allein: Als am 4. September 2016 in Mecklenburg-Vorpommern ein neuer Landtag gewählt wurde, gewann die AfD gut 167 000 Stimmen. Dazu trugen laut Infratest dimap die ehemaligen Wählerinnen und Wähler der etablierten Parteien zusammen 56 000 Stimmen bei: Von der CDU kamen 22 000, von der Linken 16 000 und von der SPD 15 000 Wählerinnen und Wähler. Selbst von den Grünen gewann die AfD noch 3 000 Stimmen. Die NPD verlor 20 000 Wähler an die »Alternative«. Den stärksten Zulauf aber verzeichnete die AfD aus dem Nichtwähler-Lager: Von hier kamen allein 55 000 Stimmen. Der Rest verteilt sich auf die ehemaligen Wähler von Kleinparteien oder auf neu Zugezogene.[2]

Ganz ähnlich sah es zwei Wochen später in Berlin bei der Wahl des Abgeordnetenhauses aus. Hier kamen 39 000 AfD-Stimmen von der CDU, 24 000 von der SPD und 12 000 von der Linkspartei – das ist mehr als die Hälfte der 21 000 Wählerinnen und Wähler, die die Linke überhaupt an andere

Parteien verlor. Auch von den Piraten wanderten 12000 Stimmen zur »Alternative«, während es von FDP und Grünen nur je 4000 waren. Aber aus dem Nichtwähler-Lager der vorangegangenen Wahl von 2011 gewann die AfD so viele Stimmen wie von keiner Partei, nämlich 69000.[3]

Die ehemalige Anhängerschaft der Etablierten und die bisherigen Nichtwähler hatten also bei beiden Wahlen mit Abstand den größten Anteil am AfD-Ergebnis. Diese Bilanz sei ein Armutszeugnis für die »Altparteien«, werden Sie nun sagen, und Sie haben recht: Dass deren Politik genug Anlass zum Protest bietet, soll hier nicht bestritten werden. Im Gegenteil, ich teile die Kritik, allerdings sicher aus anderen Gründen als Sie – dazu später mehr. Aber glauben Sie wirklich, dass es sinnvoll ist oder Ihnen hilft, wenn Sie deswegen die »Alternative für Deutschland« wählen?

Ich glaube es nicht, und auf den folgenden Seiten will ich erläutern, warum. Es wird dabei natürlich auch um die Fragen gehen, die am häufigsten mit den Erfolgen der AfD verbunden werden: Gehört der Islam zu Deutschland oder nicht? Sind Flüchtlinge und Ausländer insgesamt krimineller als die Alteingesessenen? Importieren wir mit den Zuwanderern den islamistischen Terror? Müssen wir muslimischen Frauen die Verschleierung verbieten, zumindest die Burka? Oder allgemeiner: Zerstört die »Massenzuwanderung« unsere nationale Identität?

Ich möchte meine Antworten auf diese Fragen allerdings erst gegen Ende dieses Briefes geben, und zwar relativ kurz. Zuvor – und ausführlicher – möchte ich Ihr Augenmerk auf ein paar andere Aspekte lenken, die mir in der ganzen Hysterie oft zu kurz zu kommen scheinen. Da ist zum einen die Frage, welche Politik Sie eigentlich wählen, wenn Sie der AfD Ihre Stimme geben. Ob nicht am Ende Sie – ich stelle Sie mir als »Normalbürger« vor, der für sein Geld ordentlich arbeiten muss – zu den Leidtragenden gehören würden, setzte sich diese Politik jemals durch.

Und was – zum anderen – die Flüchtlingsfrage betrifft: Ich möchte Angela Merkels Satz »Wir schaffen das« auf seine Realitätstauglichkeit überprüfen. Ich möchte fragen, ob sich das offenbar verbreitete Gefühl der Überforderung bei ruhiger und rationaler Betrachtung als angemessen erweist oder nicht. Ob es vielleicht am politischen Umgang mit den Flüchtlingen liegt und nicht an den Flüchtlingen selbst, dass viele Menschen sie als Bedrohung empfinden. Und nicht zuletzt: ob das verbreitete Unbehagen an der Lage des Landes nicht in Wahrheit ganz andere Ursachen hat als die Zuwanderung.

Ich bin, um es vorweg zu sagen, überzeugt, dass genau das zutrifft. Ich glaube, dass die Verunsicherungen, die sich in Skepsis und Abwehr gegen die »Fremden« entladen, in Wahrheit ganz andere Ursachen haben als die Zuwanderung. Die Flüchtlinge, oder die Ausländer überhaupt, sind nach meiner Überzeugung nur Projektionsfläche. Sie sind die falsche Adresse für das berechtigte Gefühl, dass der Gesellschaft die Balance verlorengeht. Die Angst vieler Menschen, ihren sozialen Halt zu verlieren, hat leider gute Gründe. Aber wer die Geflüchteten dafür verantwortlich macht und deshalb die AfD wählt, lässt die eigentlich Schuldigen ungeschoren davonkommen. Er vergeudet seinen Protest.

Was die etablierte Politik im Kern falsch macht, wird nämlich auch die AfD nicht ändern. Sie treibt vielmehr die etablierten Parteien in eine Richtung, die zu noch mehr sozialer Spaltung und zu noch mehr Enttäuschung führen wird – ob mit Flüchtlingen oder ohne. Sie lockt mit dem Trugbild einer homogenen, von den Konflikten dieser Welt unberührten Gesellschaft hinter dem Schutzwall nationaler Grenzen, die sich nie und nimmer verwirklichen lassen wird. Sie lügt Ihnen etwas vor von einer kleinen deutschen Welt, aus der man Konflikte buchstäblich »abschieben« kann, statt die Existenz dieser Konflikte in einer komplexer und vielfältiger gewordenen Gesellschaft zu akzeptieren und nach Lösungen zu suchen.

Darum geht es für Sie gar nicht? Wenn Sie vor allem Ihrem Protest Ausdruck verleihen wollen, sind Ihnen die konkreten Ziele der AfD vielleicht relativ egal. Dann erscheint Ihnen gar nicht so wichtig, was genau die Partei Ihrer Wahl erreichen will. Es genügt Ihnen schon, dass sie die Etablierten in helle Aufregung versetzt und damit endlich Bewegung in die politische Landschaft bringt. Darauf kann ich nur antworten: Sie spielen mit dem Feuer. Denn in welche Richtung diese Bewegung geht, ist keineswegs egal. Was die AfD anstrebt und was die Etablierten zum Teil schon praktizieren, das wird die Gesellschaft verändern – und zwar sicher nicht zum Vorteil der Mehrheit. Es ist eine Politik, davon bin ich überzeugt, die Ihnen noch mehr Grund zum Ärger geben würde als die der gegenwärtigen Bundesregierung. Eine Politik, die dem Volk, auf das sie sich so gern beruft, am Ende nicht mehr, sondern noch weniger Gerechtigkeit zuteilwerden ließe, als Angela Merkel das ohnehin schon tut. Das will ich nun als erstes zu erläutern versuchen.

Was will die AfD wirklich?

Mal ehrlich: Ist Ihr Unbehagen an der etablierten Politik wirklich erst entstanden, als Angela Merkel vorübergehend die Grenze aufgemacht hat? Sind nicht vielmehr die politischen Entscheidungen, mit denen Sie unzufrieden sind, schon lange vor dem Anstieg der Zuwanderungszahlen gefallen? Glauben Sie wirklich, dass die Kanzlerin für Sie mehr und Besseres getan hätte, wenn die Flüchtlinge nicht ins Land gekommen wären?

Nehmen wir an, Sie haben einen schlecht bezahlten Job, sind arbeitslos oder halten sich als Selbstständiger mehr oder weniger mühsam über Wasser. Das nämlich sind die drei Gruppen, bei denen die AfD am meisten punktet, wie zum Beispiel die schon erwähnte Wahl in Mecklenburg-Vorpommern zeigt.[4] Und gehen wir weiter davon aus, dass Sie unzufrieden sind: mit Ihrem Lohn oder erst recht mit der Abhängigkeit vom wahrlich niedrigen Arbeitslosengeld; mit der Bürokratie, unter der Sie als Selbstständiger leiden; mit den Steuern, die Ihnen für Ihr Einkommen zu hoch erscheinen und die ja offenbar doch nicht investiert werden, um die Schlaglochstrecke vor Ihrer Tür auszubessern oder das weggesparte Schwimmbad wieder zu eröffnen; mit der Krankenkasse, für die Sie ständig per Zusatzbeitrag draufzahlen sollen.

Vielleicht spielt bei Ihnen auch Angst eine Rolle: vor noch mehr krankmachendem Stress, wenn Sie Ihren Lebensstandard wenigstens halten wollen; vor Armut im Alter; vor der europäischen Wirtschaftskrise, die ja nicht ewig an den deutschen Grenzen haltmachen kann und wenn schon nicht Sie, dann vielleicht Ihre Kinder trifft; vor Mietsteigerungen; vor Diebstahl, Terror und Gewalt.

Das sind wahrscheinlich nicht die einzigen Gründe für Ihre Wahlentscheidung, und ganz oben steht vielleicht auch bei Ihnen (wie bei 83 Prozent der AfD-Wähler) die Befürchtung, »dass für Flüchtlinge mehr getan werde als für Einheimische«, »dass der Einfluss des Islam jetzt zunimmt« (96 Prozent) oder »dass die Kriminalität wächst« (91 Prozent).[5] Aber wenn ich darüber hinaus vermute, dass Sie auch die Sorge um Ihren Wohlstand antreibt, liege ich offensichtlich nicht falsch: Fast drei Viertel der AfD-Wähler bekunden die Sorge, dass »der Wohlstand bedroht ist« (und damit auch ihr sozialer Status), beim Rest der Wählerschaft vermutet das nur jede und jeder Dritte.

Mit dieser Sorge haben Sie meiner Meinung nach durchaus recht: Gerade für die Sicherung des Wohlstands hat die Politik seit Jahren wenig zum Positiven geändert, jedenfalls soweit es um den Wohlstand der Normal- und Geringverdiener geht – eher im Gegenteil, vom Mindestlohn einmal abgesehen. Und wenn es auf Sie so wirkt, als würden sich die Parteien hier viel zu wenig unterscheiden, dann ist Ihnen nicht zu widersprechen.

Nur: Warum sollte ausgerechnet die »Alternative« die Alternative sein, von der Sie Besseres erwarten?

Alles, was Sie sich wünschen – mehr Chancen auf gute Arbeit, weniger Steuern für die Mittelschicht, eine auskömmliche Rente, eine ordentliche Infrastruktur, genug Polizei, sozialer Wohnungsbau, eine faire Verteilung der Kosten für die Gesundheit – kostet Geld. Und ja: Auch Flüchtlinge kosten Geld (dazu später mehr).

Aber vielleicht leuchten Ihnen zwei Argumente ein. Erstens: Es wäre genug Reichtum vorhanden, um viele Verbesserungen zu bezahlen – auch, wenn eine hohe Zahl von Flüchtlingen nach Deutschland kommt. Das Problem ist, dass die regierenden Parteien dieses Geld nicht mobilisieren möchten. Und zweitens: Die AfD will genau das auch nicht. Sollte sie je regieren und sollte es ihr – unwahrscheinlich genug – gelingen, Deutschland gegen das Elend der Welt und die Flüchtlinge abzuschotten: Für Sie, den AfD-Wähler, gäbe es genau dann ein böses Erwachen. Bei Ihnen würde das an den Flüchtlingen gesparte Geld so wenig landen wie die vorhandenen Überschüsse jetzt.

Zum ersten Argument: Seit fünfzehn Jahren hat es nicht nur Steuererleichterungen für Wohlhabende, Vermögende und Gutverdiener gegeben. Nein, die Frage nach einer gerechteren Verteilung des gesellschaftlichen Reichtums ist zudem vollkommen an den Rand der politischen Debatten geraten. Wehe, es kommt jemand auf die Idee, sich einen höheren Anteil des für Investitionen notwendigen Geldes am oberen Ende der Reichtumsskala zu holen: »Keine Steuererhöhungen!«, schreit es ihm auf breiter Front entgegen, als wolle er normale Leute wie Sie stärker belasten. Obwohl es bei solchen Forderungen um Spitzenverdiener und Vermögensmillionäre geht.

Und jetzt das zweite Argument: Genau daran will auch die AfD nichts ändern, im Gegenteil. Sie hält zwar am Mindestlohn fest, aber was die Staatsfinanzen betrifft, gilt bei ihr noch härter als anderswo die klassische neoliberale Regel: Steuern runter und Sparen, Sparen, Sparen.

Schauen Sie doch mal ins Parteiprogramm! Um nur zwei Beispiele zu nennen: Die Vermögenssteuer, bisher ausgesetzt, soll ganz gestrichen werden. Und die Erbschaftssteuer soll nicht etwa so gestaltet werden, dass Unternehmer angemessen zahlen, ohne dass Unternehmen zugrunde gehen – nein, bei der AfD wird sie abgeschafft.[6] Wollen Sie wirklich, dass wohlhabende Bürgersöhne und -töchter (vor allem im Westen Deutschlands) künftig auch noch den Reichtum erben wie in einer Dynastie, ohne der Allgemeinheit von diesem »leistungslosen Einkommen« irgendetwas abzugeben?

Was glauben Sie: Wo würde eine AfD-Regierung das Geld wieder einsparen, das der Staat durch diese Steuerpolitik für die Wohlhabenden verliert? Bei den Migranten? Das würde sicher nicht reichen, selbst dann nicht, wenn man sie alle fernhalten würde. Abgesehen davon, dass selbst die AfD im Gegenzug die irgendwo in Nordafrika oder Nahost festgehaltenen Flüchtlinge mit ein paar Euro Steuergeld davon abhalten will, nach Europa zu kommen.[7]

Nirgendwo im AfD-Programm steht auch nur ein Wort von einer Umverteilung des Reichtums durch ein gerechteres Steuersystem. Und dass eine Politik, die die Reichen entlastet, am Ende bei den weniger Reichen spart, haben wir ja wohl in den vergangenen Jahrzehnten mehr als einmal erfahren. Auch die AfD ist eine durch und durch neoliberale Partei.

Dabei ist klar: Täte die Politik genau das, was auch die AfD nicht will, verteilte sie also den Reichtum nur etwas gerechter – dann würde das Geld ganz sicher reichen. Die Grünen haben früher einmal, als sie noch für die notwendige Umverteilung warben, gemeinsam mit dem Deutschen Institut für Wirtschaftsforschung folgende Rechnung aufgemacht: Würde man nur auf Vermögen oberhalb von einer Million Euro eine Abgabe von jährlich 1,5 Prozent erheben (was deutlich unter den Zinsen und Dividenden liegt, die so hohe Vermögen auch heute noch erzielen), wären das Einnahmen von zehn Milliarden Euro pro Jahr[8] – so viel, dass die Sozialleistungen für Flüchtlinge damit finanziert wären, ohne die normalen Steuerzahler auch nur mit einem Cent zu belasten, und sogar noch Milliarden für andere Maßnahmen zugunsten der gesamten Bevölkerung übrig blieben. Das trifft selbst dann noch zu, wenn man die Kosten der Sozialleistungen für Flüchtlinge im Rekordjahr der Zuwanderung, 2015, zugrunde legt: 5,3 Milliarden Euro.[9] Und es wäre nur eines von vielen Instrumenten, mit denen sich notwendige Staatsausgaben stabil und gerecht finanzieren ließen. Genug Geld ist also da, sowohl für die Flüchtlinge als auch für Sie und Ihre berechtigten Wünsche an die Politik.

Wobei mit »für die Flüchtlinge« keineswegs gemeint ist, sie mit Sozialhilfe zu versorgen und ansonsten sich selbst zu überlassen – was fast zwangsläufig zu Konflikten und Gewaltausbrüchen wie im September 2016 in Bautzen[10] führt, vor denen Sie sich nicht zu Unrecht fürchten – erst recht, wenn wie in diesem Fall Rechtsextremisten die Geflüchteten systematisch provozieren. Nein, das Geld würde auch dafür genügen, eine große nationale Anstrengung für die Integration zu finanzieren, die aus »Fremden« ganz »normale«, sich bildende, arbeitende, Steuern und Sozialabgaben zahlende Mitglieder unserer Gesellschaft macht (auch dazu später mehr). Würde das den Salafisten, die wir so fürchten, nicht den Nachschub abschneiden?

Ach ja, noch eins: Europa! Es ist ja fast schon vergessen, dass die AfD einmal als Partei der Euro-Kritiker begonnen hat, aber bei Ihnen spielt auch das vielleicht noch eine Rolle, wenn Sie ihr Ihre Stimme geben. Dann gehören Sie zu denjenigen, die in der Rückkehr zur nationalen Währung eine Lösung sehen, so wie die Partei Ihrer Wahl. Im AfD-Programm heißt es: »Ein Austritt Deutschlands aus der Währungsunion ist aus nationalem und auch europäischem Interesse zwingend erforderlich.«[11]

Ich glaube: Umgekehrt wird ein Schuh draus! Ich bin wie Sie der Meinung, dass es am Euro, so wie er jetzt konstruiert ist, viel zu kritisieren gibt. Vor allem aber bin ich überzeugt, dass eine gemeinsame Währung ohne eine gemeinsame

Wirtschafts- und Sozialpolitik auf Dauer nicht funktionieren kann. Anders als die AfD denke ich also, dass es um einen anderen, besseren Euro gehen muss und nicht um dessen Ende. Und zwar nicht zuletzt deshalb, weil der Austritt auch Deutschland schwer beschädigen könnte.

Diese Annahme lässt sich etwa anhand der fatalen Folgen eines Austritts für den deutschen Export belegen, die der Wirtschaftswissenschaftler Gustav Horn einmal berechnet hat: Die D-Mark würde zum Beispiel so stark aufwerten und deutsche Waren so deutlich verteuern, dass die EU-Partner praktisch keine deutschen Autos mehr kaufen könnten.[12] Ich will Ihnen aber noch ein anderes Beispiel nennen: »Die AfD will die nationale Steuererhebungskompetenz beibehalten und befürwortet den Wettbewerb nationaler Steuersysteme«, steht im Parteiprogramm. Erinnern Sie sich an die Sache mit Apple und Irland? An die lächerlich niedrigen Steuern, die Dublin dem Riesenkonzern abverlangt hat? Brüssel, die verhasste EU, hat dagegen interveniert und Irland aufgefordert, 13 Milliarden Euro bei Apple nachzufordern.[13] Das geht allerdings nach jetziger Gesetzeslage nicht über das Steuerrecht, das ist in der Tat national, sondern nur über den Umweg des Beihilferechts.[14] Der wirksamste Weg, Steueroasen für Konzerne zu verhindern, wären aber europäische Regelungen über Mindestsätze für Unternehmenssteuern – und genau das will die AfD nicht.

Sie werden vielleicht sagen: Schon richtig, aber was ist mit der Euro-Rettung? Mit den Milliarden, die wir zum Beispiel »den Griechen« hinterhergeworfen haben?

So unausrottbar dieser Vorwurf ist, so unhaltbar ist er allerdings auch. Zunächst: Bei all den »Rettungspaketen« und »Hilfen« handelt es sich in Wahrheit um Kredite. Ich weiß nicht, ob Sie von einem »Hilfspaket« Ihrer Bank reden würden, wenn Sie dort einen Kredit aufnehmen und dafür jeden Monat Zinsen bezahlen. Aber abgesehen davon haben zum Beispiel »die Griechen« von all dem Geld praktisch nichts gesehen – im Gegenteil, viele von ihnen müssen mit Einschnitten bei Renten oder anderen Sozialleistungen beziehungsweise mit höheren Belastungen wie etwa bei der Mehrwertsteuer leben, die bisher noch mit jedem »Rettungspaket« verbunden waren.

In Wahrheit floss die »Hilfe« zum allergrößten Teil gleich zurück an die Staaten beziehungsweise die europäischen Institutionen, die angeblich so viel bezahlen müssen. Nehmen wir das dritte und vorerst letzte »Rettungspaket« für Griechenland aus dem Jahr 2015: Es hat, verteilt auf vier Jahre, ein Volumen von 86 Milliarden Dollar, von denen gerade 4,5 Milliarden – also etwas mehr als 5 Prozent – in den griechischen Staatshaushalt fließen. Die wankenden Banken des Landes erhalten 25 Milliarden, aber der größte Teil, nämlich 54 Milliarden Euro oder etwa 63 Prozent, fließen in die Tilgungsraten oder Zinsen für alte Kredite. Also zurück an die vermeintlich so großzügigen »Geber«.[15]

Nun wäre es theoretisch möglich, dass Griechenland vollkommen zahlungsunfähig wird und all die Kredite, die sich hinter den angeblichen »Hilfen« verbergen, nicht mehr zurückzahlen kann. Das würde Deutschland, wohlgemerkt im allerschlimmsten und unwahrscheinlichsten Fall, gut 23 Milliarden Euro kosten, 27 Prozent des Gesamtbetrags.[16] Ein dicker Haufen Geld, in der Tat. Aber dem steht zum Beispiel gegenüber, dass der deutsche Staat seit der Finanzkrise 2008 etwa 122 Milliarden Euro allein an Zinsen gespart hat, und zwar nur aus einem Grund: Weil die Europäische Zentralbank (EZB) alles tut, damit die Unternehmen der durch Sparprogramme geschwächten Südstaaten wieder Kredite aufnehmen und investieren können, sind die Zinsen so tief im Keller wie nie. Anders ausgedrückt: Berlin und Brüssel zwingen den »Schuldenstaaten« eine rigorose Sparpolitik auf, die EZB steuert mühsam mit Niedrigzinsen dagegen. Und wer profitiert? Nicht »der Grieche« und auch nicht der deutsche Sparer, sondern der deutsche Staat.[17]

Übrigens: Um deutsche Banken zu retten, mussten die deutschen Steuerzahlerinnen und Steuerzahler mehr als 50 Milliarden Euro aufbringen.[18] Also deutlich mehr, als »die Griechen« uns jemals kosten werden. Finden Sie das in Ordnung, nur weil es *deutsche* Banken waren, die sich verspekulierten?

Man kann natürlich der Auffassung sein, das alles seien Gründe, so schnell wie möglich aus dem Euro auszutreten. Aber wollen Sie wirklich Pest durch Cholera ersetzen und die fatalen Folgen eines Exits tragen (siehe oben)? Oder wäre es nicht besser, für ein besseres Europa statt gegen Europa zu kämpfen? Für ein Ende der einseitigen Sparpolitik und für Investitionen, die allen Partnern, starken wie schwachen, helfen würden?

Zugegeben: Eine gerechtere Steuerpolitik und ein Umbau statt eines Abbaus der Europäischen Union – all das erscheint zunächst komplizierter als die (allerdings unrealistische) Idee, Deutschland weitgehend dichtzumachen. Aber ist es nicht am Ende die bessere Alternative als eine »Alternative«, die keine ist?

Sind die Flüchtlinge an allem schuld?

Ganz ähnlich, sehr geehrter AfD-Wähler, ist es nach meiner Überzeugung auch mit dem Thema, das die Erfolge der AfD sicher am meisten begünstigt hat: der Flüchtlingsfrage.

Wenn Sie glauben, dass gesellschaftliche Probleme praktisch ausschließlich von den Geflohenen verursacht werden, dann sind Sie bei der AfD vielleicht richtig. Aber dazu kann ich nur sagen: So einfach, wie Frauke Petry, Jörg Meuthen oder Alexander Gauland (und Horst Seehofer) die Wirklichkeit darstellen, ist sie selbstverständlich nicht. Das wissen diese Politiker natürlich, und Sie, sehr geehrter AfD-Wähler, wissen es auch. Und doch sorgt nicht zuletzt die Partei Ihrer Wahl dafür, dass die politische Debatte von diesem einen Thema beherrscht wird – mit der Folge, dass das Versagen der etablierten Parteien auf anderen Gebieten kaum noch zur Sprache kommt.

Könnte es nicht sein, dass an genau dieser Stelle die AfD und Teile der etablierten Parteien in Wahrheit ein gemeinsames Interesse haben? Und könnte es nicht sein, dass diejenigen, die sich am lautesten auf »das Volk« berufen, die Flüchtlinge als Sündenböcke brauchen für Probleme und Konflikte, die sie entweder selbst mit verursacht haben oder an denen sie jedenfalls nichts zu ändern gedenken? Letzteres trifft auf die AfD nach meiner Überzeugung zu. Denn hätte sie etwas zu bestimmen, dann würde sie jedenfalls nichts für den vielzitierten »kleinen Mann« tun, das habe ich im vorigen Kapitel beschrieben.

Aber zurück zu den Flüchtlingen. Niemand bestreitet, dass der plötzliche Anstieg der Zuwandererzahlen Deutschland vor große Aufgaben gestellt hat. Und niemand bestreitet auch, dass Angela Merkel unter dem Druck einer beachtlichen »Willkommenskultur« in der Gesellschaft – und vielleicht sogar aus eigenen, in diesem Fall humanitären Motiven – ein einladendes Signal gegeben hat, als sie Anfang September 2015 die deutsche Grenze für die in Budapest gestrandeten Menschen öffnen ließ. Ja, die Bevölkerung in Deutschland wuchs netto um etwas mehr als eine Million Menschen in einem Jahr[19], die meisten davon Flüchtlinge. Das ist viel, und es ist auch dann noch viel, wenn Schätzungen stimmen, nach denen 30 bis 35 Prozent dieser Menschen schon gar nicht mehr in Deutschland sind.[20] Aber muss man deshalb gleich so tun, als stünde das Ende der Welt, zumindest Europas, direkt bevor?

»Eine Völkerwanderung historischen Ausmaßes fordert Europa heraus«, heißt es im Grundsatzprogramm der AfD, und weiter: »Im Hinblick auf Bevölkerungsexplosion, kriegerische und religiöse Konflikte und Klimaextreme in vielen Ländern, insbesondere des afrikanischen Kontinents und des Nahen und Mittleren Ostens, stehen wir erst am Anfang weltweiter, bislang unvorstellbarer Wanderungsbewegungen in Richtung der wohlhabenden europäischen Staaten.«[21]

Das ist eine Mischung aus unbestreitbaren Tatsachen und Angst schürenden Falschdarstellungen, wie sie mir in den Materialien der AfD schon öfter aufgefallen ist. Es stimmt, dass die Fluchtbewegungen in der Welt dramatische Größenordnungen erreicht und in den vergangenen Jahren noch zugenommen haben. Dass sie allerdings ausgerechnet »Europa herausfordern«, ist zumindest eine maßlose Übertreibung, denn seit vielen Jahren betrifft die angebliche »Völkerwanderung« andere Weltregionen wesentlich stärker als Europa. Wir haben das nur jahrelang ignoriert und die Flüchtlinge von unseren Grenzen ferngehalten.

Die Fakten sehen so aus: 65,3 Millionen Menschen waren im Jahr 2015 auf der Flucht, meldete das UN-Hilfswerk UNHCR in seinem Jahresbericht.[22] Etwa 40 Millionen davon lebten als Binnenvertriebene noch in ihren Heimatländern, und insgesamt bemerkt das UNHCR: »Die Bemühungen Europas bei der Aufnahme von rund einer Million Flüchtlinge und Migranten standen 2015 im Mittelpunkt der Aufmerksamkeit. Der Bericht zeigt jedoch, dass sich die große Mehrheit der Flüchtlinge außerhalb Europas aufhält. Insgesamt haben 86 Prozent der Flüchtlinge, die 2015 unter dem Mandat von UNHCR standen, in Ländern mit niedrigem bis mittlerem Einkommen Schutz gesucht.«[23] Und die EU, deren Anteil an der globalen Wirtschaftskraft bei knapp 17 Prozent liegt[24], ist überfordert, wenn 2 oder 3 Prozent der weltweit flüchtenden Menschen hier Aufnahme finden sollen? Selbst Deutschland allein müsste 2,2 Millionen Geflohene aufnehmen, um wenigstens gemäß seiner wirtschaftlichen Stärke (3,4 Prozent der weltweiten Wirtschaftsleistung[25]) Verantwortung zu übernehmen.

Schon lange vor dem Herbst 2015, als die Migration über die Balkanroute auch dem Letzten bei uns die Augen öffnete, vegetierten unzählige Männer, Frauen und Kinder in Lagern oder Städten jenseits der europäischen Grenzen dahin. Das weltweite Flüchtlingsdrama ist ja nicht etwa plötzlich entstanden, nur weil Angela Merkel für einen Moment die deutschen Grenzen öffnete. Die Mehrheit in Politik und Gesellschaft hatte die tägliche Massenflucht allerdings weitgehend ignoriert, den Tausenden im Mittelmeer Ertrunkenen zum Trotz. Wer es bis an die europäischen Küsten schaffte, musste in dem Land bleiben, wo er war, so sahen es die »Dublin-Regeln« vor. Über die in Lampedusa, Teneriffa oder an Griechenlands Küsten Gestrandeten durften sich die Regierungen in Rom, Madrid und Athen Gedanken machen, während Berlin sich jahrelang weigerte, einen Teil der Menschen nach einem Quotensystem geordnet aufzunehmen (was sicher wesentlich weniger Probleme bereitet hätte als das chaotische Agieren im Herbst 2015).

Selbst der Kanzlerin ist dieses Versagen aufgefallen – allerdings mit erheblicher Verspätung. Erst im Sommer 2016 rang sie sich zu dem folgenden Eingeständnis durch: »Auch wir Deutschen haben das Problem zu lange ignoriert und die Notwendigkeit einer gesamteuropäischen Lösung verdrängt. Schon 2004 und 2005 kamen ja viele Flüchtlinge, und wir haben es Spanien und anderen an den Außengrenzen überlassen, damit umzugehen. Und ja, auch wir haben uns damals gegen eine proportionale Verteilung der Flüchtlinge gewehrt. Deutschland war nach den vielen Flüchtlingen, die wir während der Jugoslawienkriege aufgenommen hatten, ganz froh, dass jetzt vorrangig andere das Thema zu bewältigen hatten. Das kann ich nicht leugnen.«[26]

Eine beachtliche Selbsterkenntnis, die allerdings zwei erhebliche Mängel aufweist. Erstens waren es genau genommen nicht »wir Deutschen«, die sich einer vernünftigen und gesamteuropäischen Flüchtlingspolitik jahrelang aus egoistischen Motiven verweigerten, sondern vor allem die jeweils regierenden Parteien und ihre Gefolgsleute, an der Spitze seit 2005: Angela Merkel. Und zwar gegen den Protest vieler gesellschaftlicher Gruppen und oppositioneller Politiker. Dass Berlin die europäischen Partner so lange mit den Flüchtlingen alleingelassen hat, dürfte übrigens – neben einer grundsätzlich asylfeindlichen Einstellung nationalkonservativer Regierungen – zu den Gründen gehören, aus denen die meisten EU-Partner jetzt keine Lust verspüren, der deutschen Wende zu folgen und nach einer fairen Quote eine angemessene Zahl von Flüchtlingen aufzunehmen.

Der zweite Mangel an Merkels Geständnis (den Sie als AfD-Wähler allerdings im Gegensatz zu mir als Vorteil empfinden mögen): Längst ist die Kanzlerin wieder zu einer Politik zurückgekehrt, die die Flüchtlingsfrage faktisch anderen überlässt. Diesmal nicht den EU-Staaten an den Außengrenzen, sondern den besonders betroffenen Ländern außerhalb der Europäischen Union.

Zur Erinnerung seien hierfür zwei Beispiele erwähnt. Erstens: In der Türkei gibt es drei Millionen Flüchtlinge, mehrheitlich Syrer. Ihnen half die EU erst, als Ankara versprach, die Weiterreise über die Ägäis nach Europa weitgehend zu unterbinden. Das ist, wie allseits bekannt, Teil des »EU-Türkei-Deals«. Und da wir schon dabei sind: Diesen Deal hat federführend dieselbe Politikerin eingeleitet, der die AfD eine Politik der offenen Grenzen vorwirft, nämlich Angela Merkel.

Vergleicht man das EU-Türkei-Abkommen mit dem Programm der AfD, dann kann man nur sagen: Entgegen vorherrschender Meinung könnten Sie heute Ihre Stimme ebenso gut der deutschen Bundeskanzlerin geben wie der »Alternative für Deutschland«, denn Merkels Deal mit Recep Tayyip Erdoğan wirkt – im Gegensatz zu ihrer liberalen Rhetorik –, als wäre er vom Parteiprogramm der AfD inspiriert. In der »Herkunftsregion von Flüchtlingsbewegungen« (die Türkei grenzt bekanntlich an Syrien) will die AfD »Schutz- und Asylzentren in sicheren Staaten« einrichten, aus denen niemand ohne vorherige Prüfung seines Asylanspruchs nach Europa gelassen wird.[27] Sicher gibt es zwischen der schwarz-roten Regierungspolitik und den Forderungen der AfD Unterschiede in der praktischen

Ausgestaltung, aber das Prinzip ist das Gleiche: Europa macht seine Grenzen für Flüchtende dicht und überlässt die Probleme anderen – wenn auch gegen ein bisschen Geld, mit dem es sich von der Verantwortung freikauft.

Angela Merkel lässt längst keinen Zweifel mehr daran, dass sie nach diesem Vorbild am liebsten das ganze Flüchtlingsproblem »lösen« – das heißt in Wahrheit nur: von Europa fernhalten – möchte. Am 7. September 2016, fast genau ein Jahr nach dem Grenzöffnungsbeschluss, lobte sie sich im Deutschen Bundestag zunächst für den Deal mit der Türkei: »Seitdem wir dieses Abkommen haben, ist so gut wie niemand mehr in der Ägäis ertrunken.« Dass allerdings 2016 im Mittelmeer bis dahin bereits 3 198 Menschen ertrunken waren – mehr als im gleichen Zeitraum 2015[28] –, war ihr keine Erwähnung wert. Sehr wohl aber die Strategie, auch die besonders tödliche »zentrale Mittelmeerroute« nach Italien und andere Zugangswege dichtzumachen – jedoch ohne legale Fluchtalternativen in nennenswertem Ausmaß zu öffnen: »Deshalb ist das Abkommen mit der Türkei ein Modell für weitere solcher Abkommen, mit Ägypten, mit Libyen, wenn es eines Tages einmal eine vernünftige Regierung haben sollte, mit Tunesien und anderen Ländern, wo immer das notwendig ist.«[29] Als würden flüchtende Menschen nicht immer neue, womöglich noch gefährlichere Wege suchen, wenn man ihnen die vorhandenen versperrt.

Ich könnte Sie, sehr geehrter AfD-Wähler, zugespitzt fragen: Warum brauchen Sie noch diese Partei, wenn Sie doch so eine Bundeskanzlerin haben? Es gehört zu den Wundern der politischen Debatte – oder zu den besonders geschickten Inszenierungen –, dass alle Welt Angela Merkel als Flüchtlingsfreundin und Schleusenöffnerin betrachtet, und zwar ihre Fans wie ihre Gegner. Beiden Seiten fällt offensichtlich weder auf, dass die CDU-Vorsitzende wie eben beschrieben längst zum Abschottungskurs zurückgekehrt ist, noch, dass sich ihre Partei in einem offiziellen Beschluss der »größten Verschärfung des Asylrechts seit zwanzig Jahren« rühmt[30], womit sie – leider – nicht übertreibt: Die immer neuen »Asylpakete«, von der Einschränkung finanzieller Hilfen bis zur Erfindung immer neuer »sicherer Herkunftsländer«, sprechen da eine deutliche Sprache.

Zweites Beispiel für die Flüchtlingsdramatik jenseits der europäischen Grenzen: Der Libanon, ebenfalls ein Nachbar Syriens, hat etwa 4,5 Millionen Einwohner – und offiziellen Schätzungen zufolge halten sich dort mindestens 1,1 bis 1,2 Millionen Geflüchtete auf.[31] Gemessen an der Einwohnerzahl ist das so, als hätte Deutschland etwa 20 Millionen Menschen aufgenommen. Die Lebensmittelrationen für die im Libanon Gestrandeten wurden im Sommer 2015 auf 12 Euro pro Person halbiert – im Monat. Und das, nachdem sie bereits zuvor gekürzt worden waren.[32] Erst im Frühjahr

2016, als der Druck, etwas gegen zusätzliche Zuwanderung zu tun, immer größer wurde, sagte Berlin zusätzliche (und nun immerhin auch großzügige) Finanzhilfen für das »World Food Programme« der Vereinten Nationen zu.[33] Wie viele Syrer sich bis dahin wegen fehlender Nahrungsmittel aus den Lagern auf den Weg nach Europa gemacht hatten, ist allerdings nicht bekannt.

Es spricht nichts dagegen, denjenigen Menschen, die in der Nähe ihrer Heimat geblieben sind, dort zu helfen. Es wollen ja auch gar nicht alle Geflüchteten nach Europa kommen. Vor allem nicht, wenn sie da, wo sie sind, wenigstens satt werden können. Auch deshalb ist übrigens der Satz »Es können nicht alle zu uns kommen« so hinterhältig wie wahr: Er unterstellt, dass es irgendjemanden gäbe, der möchte, dass »alle zu uns kommen«. Natürlich will das niemand, auch die weitaus meisten der weltweit 65 Millionen Flüchtlinge nicht, denn sie bleiben lieber in ihrem Heimatland oder in der Nähe. Aber muss das gleich bedeuten, dass Deutschland und Europa nicht wenigstens einen halbwegs angemessenen Teil selbst zu tragen bereit sind, auch innerhalb der eigenen Grenzen?

Man mag ja darüber streiten, ob eine großzügigere Aufnahme schon an sich ein Gebot der Humanität wäre. Ich meine: ja. Aber selbst wenn man das verneinte, gäbe es immer noch die deutsche und europäische Mitverantwortung für die Krisen, die so viele Menschen in die Flucht getrieben haben. Ohne hier ins Detail zu gehen: Dass Deutschland nach wie vor kräftig Waffen exportiert, auch in Krisengebiete, ist bekannt. Dass wir Hähnchenschenkel zu Billigpreisen auf die Märkte afrikanischer Länder werfen, weil wir selber lieber Brustfleisch essen, hat sich ebenfalls herumgesprochen. Was glauben Sie, was ein westafrikanischer Geflügelzüchter macht, den diese Konkurrenz (gefördert durch ungerechte »Freihandelsabkommen«, die die EU vielen afrikanischen Staaten geradezu aufzwingt) in die Pleite getrieben hat? Die Wahrscheinlichkeit ist jedenfalls groß, dass der entwurzelte Geflügelzüchter sein Heil in der Flucht sucht – um sich dann, falls er es überhaupt bis hierher schafft, als »Wirtschaftsflüchtling« beschimpfen zu lassen.

Vielleicht stimmen Sie, sehr geehrter AfD-Wähler, einigen dieser Kritikpunkte sogar zu. Auch die Partei Ihrer Wahl erwähnt Rüstungs- und Lebensmittelexporte als Fluchtursachen[34], und Freihandelsabkommen wie die transatlantischen Verträge mit den USA und Kanada (TTIP und Ceta) lehnt sie – wenn auch mit wesentlich stärkerer Betonung auf rein nationalen Kompetenzen – ebenso ab wie viele linke Globalisierungskritiker.[35] Was sie nur leider nicht davon abhält, zugleich die Schließung der europäischen Außengrenzen für die Betroffenen zu fordern.

Sie werden vielleicht sagen: Das mag alles stimmen, aber wir können so viele Flüchtlinge einfach nicht verkraften.

Damit sind Sie, ich gebe es mit Bedauern zu, sicher Teil einer großen Mehrheit: Wenn man der politischen Diskussion in Deutschland folgt, findet man ja tatsächlich fast niemanden mehr, der dem Dogma »Weniger Flüchtlinge!« widerspricht. Darum verstehe ich ja nicht, warum Sie immer noch gegen die Bundeskanzlerin protestieren. Sie hat, wie gezeigt, den Kurs der Öffnung längst wieder verlassen, auch wenn weder ihre Kritiker noch ihre Fans das wahrzunehmen scheinen.

Darauf werden Sie antworten, es liege im berechtigten nationalen Interesse, jede Wiederholungsgefahr auszuschließen. Es bedürfe also noch wesentlich härterer Maßnahmen als unter Angela Merkel. Und deshalb seien Sie nun ein Wähler der AfD.

Aber stimmt das? Ist Deutschland mit denjenigen, die 2015 und 2016 gekommen sind, überfordert? Ich sage: Nein. Ich behaupte nicht, dass es einfach wäre. Ich bin allerdings überzeugt, dass eine Politik, die den Satz »Wir schaffen das« wirklich mit Leben füllen würde, einen großen Teil der Probleme lösen oder zumindest lindern könnte. Jedenfalls besser als das leere Versprechen, wir könnten uns die Schattenseiten der Globalisierung, von der Deutschland wie kaum ein anderes Land profitiert, einfach vom Leibe halten. Ich bin sicher, dass es geradezu befreiend ist, sich einer noch so schweren Herausforderung zu stellen, statt nach dem Motto »Aus den Augen, aus dem Sinn« von ihrem Verschwinden zu träumen, und zwar ohne jede Aussicht auf Erfolg. Wenn wir endlich beginnen würden, die Globalisierung und ihre Folgen als Aufgabe zu begreifen statt als Bedrohung; und wenn wir endlich in die Lösung dieser Aufgabe investieren würden, um aus den Risiken einen Nutzen zu machen – dann erst bekäme Merkels »Wir schaffen das« Rechtfertigung und Sinn.

Ich weiß, dass mein Optimismus inmitten einer hysterischen Debatte, die die vorhandenen Probleme auch noch ins Maßlose überzeichnet, geringe Chancen auf Gehör haben mag. Ich versuche es trotzdem, denn ich bin überzeugt, dass Zuwanderung keineswegs als Bedrohung verstanden werden muss: weder finanziell noch gesellschaftlich-kulturell.

Wer soll das bezahlen?

Es ist richtig: Die Aufnahme von Flüchtlingen kostet Geld, zumindest am Anfang. Aber wie viel Geld genau? Schon diese Frage ist allerdings nicht zu beantworten. Der Internationale Währungsfonds kam zu Beginn des Jahres 2016 auf 11 Milliarden Euro in zwölf Monaten, das wären ganze 0,35 Prozent des deutschen Bruttoinlandsprodukts.[36] Bundesfinanzminister Wolfgang Schäuble bezifferte die Kosten dann im Mai auf 20 Milliarden und rechnete sie gleich auch noch auf knapp 94 Milliarden bis einschließlich 2020 hoch.[37] Allerdings war die Basis dieser Schätzung schon gut drei Monate später hinfällig: Schäuble war von 600 000 Asylsuchenden für 2016 ausgegangen, aber Ende August verkündete der Leiter des Bundesamtes für Migration und Flüchtlinge, Frank-Jürgen Weise, er rechne mit 300 000 Flüchtlingen für das ganze Jahr.[38]

Und wenig später war zu lesen, dass Schäuble nicht einmal die für Flüchtlingskosten gebildete Rücklage angreifen musste: »Die aus dem Jahr 2015 gebunkerte Reserve von 12,8 Milliarden Euro zur Finanzierung der Flüchtlingskrise wird er nach Einschätzung der Bundesbank vorerst nicht brauchen: Für dieses Jahr hatte Schäuble 6,1 Milliarden Euro in den Haushalt gebucht, den Rest für 2017 vorgesehen.«[39] Offensichtlich hatten die gute Konjunktur in Deutschland und die niedrigen Zinsen, die einen Finanzminister im Gegensatz zum Sparer erfreuen, mehr als genug Geld in die Kassen gespült.

Die höchste Kostenschätzung, die Anfang 2016 kursierte, lag bei 55 Milliarden Euro in einem Jahr, errechnet vom Institut für Weltwirtschaft in Kiel. Das allerdings war die weitaus höchste Zahl in einer ganzen Reihe von Szenarien der Kieler Forscher und galt nur für den Fall, dass die Zahl der ankommenden Flüchtlinge gleich hoch bleibt und nur wenige wieder gehen beziehungsweise abgeschoben werden.[40]

Die Unwägbarkeiten sind also sehr groß, und worüber die Zahlen überhaupt nichts aussagen, das ist der gesamtwirtschaftliche Nutzen, der nicht erst nach gelungener Integration, sondern auch schon sofort entsteht: Der Staat zahlt den Geflüchteten ja nicht einfach nur Geld (das sie, zum Segen der Konjunktur, auch wieder ausgeben). Bei den Mitteln, die zum Beispiel für Unterkünfte aufgewandt werden, handelt es sich vielmehr um Investitionen, die das Wirtschaftswachstum ebenfalls fördern: Der IWF rechnete für das Jahr 2016 mit einem zuwanderungsbedingten Zusatzwachstum von 0,3 Prozent.[41]

Langfristig stehen die Chancen ebenfalls nicht schlecht – vorausgesetzt, Staat und Gesellschaft sind zu den notwendigen Investitionen bereit. Es wären Investitionen nicht nur in ein besseres Leben für Geflüchtete, sondern sie kämen der ganzen Gesellschaft zugute. Auf 90 Milliarden Euro – pro Jahr! – schätzen Ökonomen die Lücke, die mit staatlichen und privaten Investitionen gefüllt werden müsste, um Straßen und Schienen, Schulen, digitale Netze und den Rest der Infrastruktur in Deutschland zukunftstauglich zu machen. Und der Ökonom Herbert Brücker hat errechnet, dass wir im Jahresschnitt eine Netto-Zuwanderung von 500 000 Menschen bräuchten, »um das Erwerbspersonen-Potenzial konstant zu halten« – was ja immer auch bedeutet, künftig noch genügend Beitragszahler für unsere Sozialsysteme zu haben.[42]

Noch einmal: Es ist unbestritten, dass Investitionen, die aus der Zuwanderung eine Erfolgsgeschichte für Deutschland machen könnten, zunächst einiges kosten. Denn natürlich brauchen die Menschen erst einmal Hilfe zum Lebensunterhalt und dann oft Arbeitslosengeld II, bevor die Integration in den Arbeitsmarkt gelingt. Aber die wenigen konkreten Zahlen, die es gibt, sprechen nicht dafür, dass die »Einwanderung in die Sozialsysteme«, vor der die AfD immer warnt, diese Systeme auch nur im Ansatz gefährdet. Ein Beispiel: Für den Haushalt 2017 plante Sozialministerin Andrea Nahles für die Flüchtlinge »zusätzlich 3,25 Milliarden Euro zur Sicherung des Lebensunterhaltes und (…) 1,9 Milliarden Euro für die aktive Eingliederung der Flüchtlinge«[43] ein. Das sind, gemessen am Etat dieses Ministeriums, gerade mal 3,5 Prozent. Im Jahr der bisher stärksten Zuwanderung, nämlich 2015, lagen die Hilfen zum Lebensunterhalt wie eingangs erwähnt bei 5,3 Milliarden Euro. Das soll, angesichts der Not der Menschen und des künftigen Nutzens für unsere Gesellschaft, zu viel Geld sein?

Es spricht also vieles dafür, dass Deutschland objektiv in der Lage wäre, auch mit einer verstärkten Zuwanderung produktiv umzugehen. Aber natürlich verfehlen die Schätzungen und Berichte über hohe Milliardenkosten ihre Wirkung nicht. Nachdem ich Anfang September 2016 diesen Brief in Kurzform in der *Frankfurter Rundschau* veröffentlicht hatte, schrieb mir ein Leser, der sich zur AfD bekannte: »Man kann nicht nur aus Angst, Wut oder Hass die derzeitige Einwanderungspolitik kritisieren, sondern sehr wohl aus rationalen Überlegungen: die enormen Kosten von 50 Milliarden Euro pro Jahr, die Schwierigkeiten der Integration, der zunehmende Einfluss des Islam.« Über Integration und Islam gleich mehr, aber hier geht es zunächst um die 50 Milliarden: Vielleicht waren ja die 55 Milliarden Euro gemeint, die das Kieler Institut errechnet hatte – allerdings für den ungünstigsten aller Fälle. Ich glaube eher, dass die Angabe sich auf eine Studie bezog, über die zum Beispiel *Zeit online* unter dem Titel »Flüchtlinge kosten Deutschland 50 Milliarden Euro« berichtete.[44] Diese Schätzung des Instituts der Deutschen Wirtschaft bezog sich jedoch – wie erst im Text deutlich wurde – nicht auf ein Jahr, sondern auf zwei.

Ich behaupte nicht, dass insgesamt 25 Milliarden Euro in einem Jahr nicht viel Geld wären (wenn das denn die Zahl sein sollte, die am Ende stimmt). Aber warum sagt niemand, dass es sich dabei um kaum mehr als 3 Prozent aller öffentlichen Ausgaben handeln würde?[45] Für mich zeigt das Beispiel, wie sehr die Debatte von Spekulationen und Übertreibungen geprägt ist. Jede der genannten Zahlen stellt eine Schätzung dar, die von vielen unwägbaren Faktoren abhängt: Wie viele Flüchtlinge kommen, wie viele bleiben? Wie viele finden Arbeit und werden damit zu Steuer- und Beitragszahlern? Also: Welchen möglichen Nutzen, auch finanzieller Art, stellt man den Kosten (besser gesagt: den Investitionen) gegenüber? Das ist alles höchst spekulativ. Für eine Diskussion, die zum großen Teil auf der Basis übertriebener Negativszenarien geführt wird, besitzen die kursierenden Zahlen jedenfalls mehr »Nutzen« als für die Beurteilung der Wirklichkeit.

Genau dieses Spiel betreibt die AfD, wenn sie in ihrem Grundsatzprogramm zuerst einräumt »Die Kosten der Massenzuwanderung sind intransparent«, um gleich anschließend eine Horrorzahl in den Raum zu stellen: »Schätzungen erreichen Größenordnungen von hunderten Milliarden Euro.« Auch das meinte ich, als ich weiter oben schrieb, dass mir eine Mischung aus unbestreitbaren Tatsachen und Angst schürenden Falschdarstellungen bei dieser Partei schon öfter aufgefallen ist.

Globalisierung: Bedrohung oder Auftrag?

Lassen Sie mich den Blick auf die ökonomischen Zusammenhänge noch ein Stück weiten: Die Fluchtbewegungen stellen sowohl eine Folge als auch ein sichtbares Zeichen der Globalisierung dar. Dem setzt die AfD die gefährliche Illusion entgegen, wir könnten uns aus der Globalisierung sozusagen verabschieden und in nationale Schutzräume retten: »Nur die nationalen Demokratien, geschaffen durch ihre

Nationen in schmerzlicher Geschichte, vermögen ihren Bürgern die nötigen und gewünschten Identifikations- und Schutzräume zu bieten.«[46]

Das ist fahrlässig, weil es ein leeres und vollkommen unrealistisches Versprechen darstellt. Und es lenkt von der Notwendigkeit ab, die Globalisierung einerseits zu akzeptieren, andererseits aber endlich besser zu steuern und politisch so zu gestalten, dass eben kein afrikanischer Geflügelzüchter mehr die Flucht antreten, kein Bürger des Jemen oder Syriens Schutz vor einem Krieg suchen muss, in dem unter anderem mit deutschen Waffen geschossen wird.

Es gibt kaum ein Land auf dieser Erde, das von der ökonomischen Globalisierung so stark profitiert hat wie Deutschland. Ob es auf Platz eins der Profiteure steht, wie McKinsey es 2014 in einer Studie vermutete[47], oder doch nur auf Platz vier (so fast zeitgleich das Prognos-Institut[48]), kann dahingestellt bleiben. Auf jeden Fall hat die Exportnation Deutschland aus der Entgrenzung im ökonomischen Bereich einigen Gewinn gezogen.

Es wäre allerdings verfehlt, es bei dieser undifferenzierten Aussage zu belassen. Dass die Globalisierung, so wie sie verläuft, auch jede Menge Verlierer produziert, hat sich selbst bei bekennenden Unternehmerfreunden in der Wirtschaftswissenschaft inzwischen herumgesprochen. So schreibt Jürgen Matthes vom Institut der deutschen Wirtschaft (IW):

»In Deutschland (…) traf der Globalisierungsdruck durch steigende Importe aus Niedriglohnländern vor allem junge und geringqualifizierte Beschäftigte in der Industrie. Wenn Arbeitnehmer in Industriejobs arbeiteten, die durch stark steigende Importe aus China und Osteuropa betroffen waren, mussten sie Einkommenseinbußen hinnehmen und teilweise verloren sie ihren Arbeitsplatz.«[49]

Wenn man sich anschaut, wer sich besonders stark von der AfD angezogen fühlt, stößt man ziemlich genau auf die Gruppe dieser Globalisierungsverlierer oder derjenigen, denen ein ähnliches Schicksal droht. Das Deutsche Institut für Wirtschaftsforschung (DIW) hat die Wählergruppe untersucht, die angibt, zur »Alternative für Deutschland« eine stabile Bindung zu haben. Das Ergebnis: Im Querschnitt der Bevölkerung liegt die »Parteibindung« an die AfD bei 5 Prozent. Nirgends aber ist sie so beliebt wie bei Jüngeren bis dreißig (10 Prozent), Arbeiterinnen und Arbeitern (11 Prozent) sowie Arbeitslosen (15 Prozent).[50]

Es gibt durchaus Globalisierungsgewinne, sie sind aber ungleich verteilt. Das gilt nicht nur weltweit (wie am Beispiel der Lebensmittelexporte nach Afrika weiter oben erwähnt), sondern auch auf nationaler Ebene. Und weil das so ist, stößt eine Partei auf große Resonanz, die das Gefühl einer doppelten Bedrohung anspricht: dass einerseits ohnehin wegen der internationalen Lohnkonkurrenz der eigene Lebensstandard gefährdet ist und dass man andererseits durch die nun zuwandernden Globalisierungsverlierer auch noch in einen Wettbewerb um Arbeitsplätze, Wohnungen und Sozialleistungen gerät.

Vielleicht teilen Sie, sehr geehrter AfD-Wähler, ja diese Befürchtungen auch. Aber glauben Sie wirklich, dass diese Partei dazu beiträgt, einen besseren Schutz vor sozialem Abstieg zu bieten? Sind Sie tatsächlich der Meinung, sie würde etwas tun gegen ein Wirtschaftsmodell, das auf Konkurrenz der ohnehin Benachteiligten um die wenigen Ressourcen setzt, die man ihnen lässt?

Zunächst: Im Parteiprogramm werden Sie Sätze finden, die auch linke Kritiker der neoliberalen Globalisierung (denen ich zuneige) unterschreiben könnten. Zum Beispiel: »Die AfD bekennt sich dazu, ökonomische Fluchtursachen zu vermeiden, auch wenn dies für die westliche Wirtschaft zunächst Nachteile mit sich bringen könnte. Dazu gehört beispielsweise ein Exportstopp für hochsubventionierte landwirtschaftliche Erzeugnisse nach Afrika, die dort die lokalen Märkte ruinieren und den Menschen ihre Lebensgrundlage nehmen. Dasselbe gilt für den Export von Waffen, Altkleidern, Giftmüll und andere westliche Abfallprodukte sowie für die EU-Fischerei vor den afrikanischen Küsten.«

Das Problem fängt allerdings schon damit an, dass der zitierte Passus nicht etwa im wirtschaftspolitischen Teil, sondern im Flüchtlingskapitel des AfD-Programms steht. Und dass die »linken« Aussagen keineswegs einem grundsätzlichen Wunsch nach mehr ökonomischer und sozialer Gerechtigkeit entspringen, sondern dem Hauptziel der Flüchtlingsabwehr, zeigt sich deutlich an den wirtschafts- und steuerpolitischen Thesen der Partei, die ich weiter oben bereits erläutert habe.

Mit »Globalisierung« meine ich nicht nur die »Ent-Grenzung« der europäischen und globalen Verhältnisse. Ich meine auch die »Globalisierung« der Gesellschaften bei uns in Deutschland und in Europa, die natürlich lange vor dem Jahr 2005 begonnen hat. Wer glaubt, er könne die »multikulturelle Gesellschaft« (um einen bei der AfD besonders verhassten Begriff zu verwenden) verhindern oder gar verbieten, der verliert wertvolle Zeit, um diese manchmal auch komplizierte Vielfalt friedlich zu gestalten. Deshalb halte ich die Idee von der Rückkehr zur Homogenität nationaler Gemeinschaften für eine gefährliche Lüge.

Fremd im eigenen Land?

Ich habe, sehr geehrter AfD-Wähler, die ökonomischen Zusammenhänge aus einem bestimmten Grund ausführlicher beschrieben: Ich denke, sie belegen, dass es anhand der harten Fakten keinen Grund gibt, an der Aufnahmefähigkeit unseres Landes zu zweifeln. Aber vielleicht beziehen sich Ihre Sorgen und Ihr Protest ja auch auf Themen, die man mit Zahlen und Daten kaum erfassen kann? Also zum Beispiel auf Fragen des gesellschaftlichen Zusammenhalts und der kulturellen Identität?

Wie ich nicht bestritten habe, dass die Aufnahme von Flüchtlingen zunächst Geld kostet, so bestreite ich auch nicht, dass Zuwanderung tatsächlich zu sozialen, kulturellen und religiösen Konflikten beitragen kann. Allerdings: Wir werden nichts erreichen, wenn wir so tun, als ließe sich das Konfliktpotenzial einer heterogenen Gesellschaft dadurch auflösen, dass man sie in eine ethnisch, kulturell und religiös homogene Gemeinschaft (zurück-)verwandelt – ergänzt vielleicht um ein paar Zugewanderte, die ausschließlich nach unserem »nationalen Interesse« ausgewählt werden (»Wir setzen uns für eine maßvolle legale Einwanderung nach qualitativen Kriterien ein, soweit ein unabweisbarer Bedarf weder durch einheimische Potenziale noch durch Zuwanderung aus der EU gedeckt werden kann«, heißt es dazu im AfD-Programm[51]).

Gesellschaftliche oder kulturelle Probleme und Konflikte werden in der politischen und medialen Öffentlichkeit inzwischen fast nur noch auf die Zuwanderung zurückgeführt: Wann immer von Kriminalität und Terror die Rede ist, beherrscht das Flüchtlingsthema schnell die Debatte. Und in weiten Teilen der Öffentlichkeit taucht der Islam praktisch nur noch in Gestalt einer angeblichen Bedrohung auf.

Diesen Wahrnehmungen ist mit Fakten schwer beizukommen. Auch wenn es genug Statistiken gibt, die die fast panischen Reaktionen als maßlos übertrieben entlarven: Das Empfinden von etwas Störendem, ja Bedrohlichem ist kaum zu erschüttern. Schon gar nicht in einem politischen und medialen Umfeld, das dazu neigt, jeden einzelnen Fall zum Beweis für allgegenwärtige Gefahren zu stilisieren.

Ja, es ist eine Tatsache, dass sich auch unter Geflüchteten kriminelle Menschen befinden. Das hat sich zum Beispiel im September 2016 gezeigt, als in Deutschland drei als Flüchtlinge getarnte junge Syrer unter dem Verdacht festgenommen wurden, im Auftrag des »Islamischen Staates« Anschläge geplant zu haben.[52] Ja, so etwas gibt es. Und die widerlichen Angriffe auf Frauen während der Silvesternacht 2015/16 in Köln sind ebenfalls nicht vergessen.

Es stimmt also: Bedrohungen für den gesellschaftlichen Frieden existieren, Gewalt und Verbrechen werden auch von Zugewanderten verübt. Aber ist es legitim, deshalb so zu tun, als seien all diese erschreckenden Vorgänge einfach nur eine Folge von Flucht und Migration? Hätte ausgerechnet der »Islamische Staat« nicht auch andere Wege gefunden, in Deutschland Terroristen zu rekrutieren oder sie hierher einzuschleusen? Ist es für Sie wirklich irrelevant, dass die Anzahl von sechzig Ermittlungsverfahren wegen Terrorverdachts, von denen Bundesinnenminister Thomas de Maizière spricht, gemessen an den Flüchtlingszahlen insgesamt nur einen winzigen Bruchteil ausmachen?[53] Sicher: Die Opfer eines Anschlags haben von solchen Statistiken nichts. Aber die Zahlen taugen eben auch nicht dazu, Geflüchtete unter Pauschalverdacht zu stellen. Mal abgesehen von der amoralischen Dimension eines solchen Pauschalverdachts.

Das gilt übrigens genauso für die »normale« Kriminalität. Zuwanderer sind nicht krimineller als Alteingesessene. Das sagt nicht irgendwer, sondern das Bundeskriminalamt (BKA). Die Behörde hat im Frühjahr 2016 erstmals eine gesonderte Untersuchung zu Straftaten vorgelegt, die von Zugewanderten begangen wurden. Im ersten Quartal waren das 69 000 Delikte. Zum Vergleich: Insgesamt gab es 2015 in Deutschland 6,33 Millionen Straftaten, das macht pro Vierteljahr im Schnitt knapp 1,6 Millionen.[54] Nach einem halben Jahr sah die Statistik ähnlich aus: 142 500-mal wurde von Januar bis Juni 2016 eine von Zuwanderern begangene Straftat registriert.[55]

Würde man diese Zahlen einfach mit den aktuellen Flüchtlingszahlen vergleichen (im ersten Halbjahr 2016: 222 264 Asylsuchende), käme man natürlich auf eine horrende Kriminalitätsrate von weit mehr als 50 Prozent. Aber das BKA zählt keineswegs nur Neuankömmlinge, sondern alle, die in Deutschland Asyl suchen, schon einen Anspruch haben, geduldet werden oder sich illegal hier aufhalten. Wo der Status unklar ist, legen die Kriminalisten die Staatsangehörigkeit zugrunde: Bürger aus Auswanderungsländern wie Afghanistan, Eritrea, dem Kosovo oder Marokko werden in der Regel als Zuwanderer gezählt.[56] Die Gesamtzahl all dieser Menschen in Deutschland ist kaum genau zu bestimmen. Aber sie ist so hoch, dass sich bei der Kriminalitätsrate der Zugewanderten auch nach Überzeugung der Polizei keine Abweichung nach oben ergibt.

Noch eine Zahl: In Deutschland werden pro Jahr etwa 7 000 bis 8 000 Fälle von Vergewaltigung oder schwerer sexueller Nötigung aktenkundig. Dazu kommt die Dunkelziffer der nicht angezeigten Taten, die bei diesen Fällen als sehr hoch eingeschätzt wird. Und zwar aus einem besonderen Grund, wie die *Rheinische Post* kurz nach der Kölner Silvesternacht berichtete: »Für eine hohe Dunkelziffer sorgt auch, dass die Täter bei sexueller Gewalt überwiegend Verwandte, Freunde und Bekannte sind – der Druck zu schweigen ist da oft besonders groß.«[57] Das heißt aber auch: Ginge es nach der statistisch erfassten Wirklichkeit, dann müssten sich deutsche Frauen vor der eigenen Familie und ihrem Freundeskreis viel mehr fürchten als vor Ausländern und Flüchtlingen. Das ist kein Grund, die brutalen Übergriffe von Köln zu relativieren. Aber manchmal musste man angesichts der darauf folgenden Diskussionen den Eindruck haben, ohne Zuwanderung gäbe es in Deutschland keine Misshandlung und Vergewaltigung von Frauen.

Viel zu oft reden wir zudem, wenn es um Frauenrechte geht, nicht über die tägliche sexuelle Gewalt in allen Gruppen der Gesellschaft, sondern über ein Verbot der Burka. Ich teile die Ansicht, dass die Totalverhüllung in vielen Fällen nicht freiwillig geschieht, sondern das Ergebnis eines frauenverachtenden Verständnisses angeblich islamischer Lebensregeln bei ihren Ehemännern darstellt. Ja, solches Denken müssen Politik und Gesellschaft bekämpfen, egal, ob es im muslimischen oder im »christlich-abendländischen« Kulturkreis vorkommt. Aber ich bin überzeugt, dass das nicht durch immer neue Verbote geht (nach denen viele muslimische Frauen sicher gezwungen würden, zu Hause zu bleiben), sondern nur durch Aufklärung und Bildung – zusätzlich zum Strafrecht, das Verbrechen natürlich ahnden muss.

Noch fragwürdiger wird es beim Burkini: Welche Gefahr wird eigentlich bekämpft, wenn die Polizei am Strand von Nizza versucht, eine Muslimin zum Ausziehen ihres Ganzkörperanzugs zu nötigen?[58] Ist das Zeigen nackter Haut, das gerade Konservative sonst nicht selten beklagen, etwa ein neues Zeichen der Freiheit, die sie meinen?

Und schließlich: Glauben Sie wirklich, das Abgleiten in Fanatismus – in welcher religiösen oder ideologischen Färbung auch immer – hänge mehr mit der ethnischen Herkunft eines Menschen zusammen als mit der sozialen Lage, in der er lebt? Dass sich manche Stadtviertel zu Symbolen einer misslungenen sozialen Integration (von Ausländern wie Deutschen!) entwickelt haben, geht in den sinnlosen Debatten über die angebliche Gefährlichkeit »der Nordafrikaner« fast vollkommen unter.

Der Soziologe Matthias Quent hat diesen Zusammenhang zwischen sozialer Lage und Radikalisierung so beschrieben: Er bestehe »im Kern aus dem Widerspruch zwischen der offiziellen Realität und der Alltagsrealität der Menschen. Erstere ist konstruiert durch unsere Werte, Politik und Medien, und zu ihr gehören Versprechen wie Freiheit, Gleichheit, Brüderlichkeit oder ganz konkret ›blühende Landschaften‹. Stattdessen erleben die Menschen Chancenungleichheit und soziale Ungerechtigkeit, Kränkungen und Diskriminierungen. Diese Widersprüche verlangen nach Rechtfertigung, nach Rationalisierung – zum Beispiel durch die Pseudolehre des Rassismus, der eine angeblich natürliche Ungleichwertigkeit von Menschen attestiert und somit versucht, den sozialen Problemen einen Sinn zu geben.«[59]

Dieses Rechtfertigungsbestreben kann man ganz sicher auch auf die Radikalisierung mancher Muslime anwenden: Bei ihnen ist es dann eben nicht die Rasse, sondern die Religion, durch die sie ein trügerisches Überlegenheitsgefühl entwickeln. Und bei manchen von ihnen, wie bei manchen Rassisten auch, artet das dann sogar in Gewalt gegen die »Minderwertigen« aus. Insofern lassen sich übrigens zwischen der Motivation bei rechtsextremen und bei islamistischen Tätern erstaunliche Parallelen feststellen – so sehr sie einander auch hassen.

Über diese Zusammenhänge ist, wie gesagt, viel zu wenig zu hören. Und genau dazu trägt die AfD in zweifacher Weise bei: Zum einen setzt sie ausschließlich auf mehr Polizei und Rechtsverschärfungen (zum Beispiel die Herabsetzung der Strafmündigkeit auf zwölf Jahre).[60] Zum anderen suggeriert sie immer wieder, Kriminalität sei zum erheblichen Teil ein Ausländerproblem: »Der erhebliche Anteil von Ausländern (…) begegnet derzeit nur halbherzigen ausländerrechtlichen Maßnahmen, insbesondere können sich ausländische Kriminelle sehr häufig auf Abschiebungshindernisse berufen.«[61]

Was die AfD nicht erwähnt: Diese Hindernisse bestehen meistens in einer Bedrohung für Leib und Leben, die den Betroffenen in ihren Herkunftsländern droht. Soll der Schutz davor also Menschen verweigert werden, weil sie eine Straftat begangen haben? Mein Eindruck ist: Hier geht es um die grundsätzliche Frage, was für eine Gesellschaft wir wollen. Wollen wir an einem liberalen Staats- und Gesellschaftsverständnis festhalten, auch wenn das gleiche Recht für alle mit Risiken verbunden ist? Oder wollen wir das freiheitliche Prinzip zumindest teilweise der Hoffnung opfern, uns damit auch der Risiken zu entledigen?

Dieser gefährlichen Illusion würden wir unterliegen, wenn wir den Satz »Die Würde des Menschen ist unantastbar« für einen Teil der Menschen außer Kraft setzen würden. Und glauben Sie mir: Wenn die Politik einmal begonnen hat, für einen Teil der hier lebenden Bevölkerung den Genuss der Grundrechte abzuschaffen oder zumindest einzuschränken, dann ist dem Rechtsstaat ein entscheidender Schlag versetzt. Und Sie können nicht mehr sicher sein, ob nicht auch Sie, wenn der politische Wind sich dreht, irgendwann zum Bürger zweiter Klasse degradiert werden.

Gestatten Sie mir schließlich noch ein kurzes Wort zum Islam: Was ich eben zum Rechtsstaat gesagt habe, gilt selbstverständlich auch für die Religionsfreiheit. Wer behauptet, eine bestimmte Glaubensrichtung gehöre nicht zu Deutschland, darf sich nicht wundern, wenn irgendwann auch die freie Ausübung seiner eigenen Religion infrage gestellt wird. Ganz abgesehen davon, dass man nicht eine ganze Glaubensrichtung verantwortlich machen kann, wenn sie von einer Minderheit zur Rechtfertigung des Terrors missbraucht wird.

Vielleicht empfinden Sie ja Minarette oder gar Muezzinrufe nicht nur gelegentlich als störend, sondern auch als bedrohlich, genau wie die AfD: »Das Minarett lehnt die AfD als islamisches Herrschaftssymbol ebenso ab wie den Muezzinruf, nach dem es außer dem islamischen Allah keinen Gott gibt.«[62] Dazu zwei Fragen. Erstens: Künden nicht auch die Glocken, die vom Kirchturm läuten, von einem Glauben, nach dem es außer dem einen Gott keinen anderen gibt? Wo ist da der Unterschied? Und zweitens, nach allem, was Sie jetzt hier über die Ziele der AfD gelesen haben: Wären Sie zufriedener als heute, wenn es zwar keine Minarette mehr gäbe, aber zugleich noch weniger Geld für Straße, Schiene, Schule oder Rente?

Sehr geehrter AfD-Wähler, ich habe versucht, Ihnen ein paar Gründe zu nennen, aus denen ich die Politik dieser Partei für brandgefährlich halte – auch für Sie. Ich weiß: Vielleicht wollen Sie ja gar nicht, dass sie irgendwann regiert. Vielleicht genügt es Ihnen einfach, den Etablierten eins auszuwischen. Aber bitte machen Sie sich nichts vor: Genau das treibt die anderen Parteien – dumm, wie sie oft sind – dazu, die AfD-Politik in Teilen zu imitieren.

Warten Sie bitte nicht, bis Sie am eigenen Leib erfahren, was das für Sie bedeuten kann. Entdecken Sie die Möglichkeit wieder, etwas für sich selbst zu tun und gleichzeitig bei den Flüchtlingen Ihrer humanen Ader zu folgen. Gehen Sie mal zu einer Demo gegen TTIP, um zu sehen, dass man (wie die AfD) *gegen* ungerechte Freihandelsabkommen, aber (anders als die AfD) zugleich *für* eine Welt der Offenheit und des fairen Austauschs sein kann. Schauen Sie mal im Parlament Ihrer Gemeinde, wer eine Idee dazu hat, mit Flüchtlingen zu leben und »trotzdem« die Straßen zu reparieren. Schreiben Sie auf Facebook ruhig gegen Merkel, aber lassen Sie die Flüchtlinge in Ruhe. Die sind nicht schuld.

Und vor allem: Wählen Sie sich nicht unglücklich!

Mit freundlichem Gruß
Stephan Hebel

Anmerkungen

1 Martin Kroh und Karolina Fetz: »Das Profil der AfD-AnhängerInnen hat sich seit Gründung der Partei deutlich verändert«, DIW-Wochenbericht Nr. 34/2016 vom 24.8.2016, Seite 715

2 »In allen Lagern gewildert«, *Zeit online*, 5.9.2016, http://www.zeit.de/politik/deutschland/2016-09/mecklenburg-vorpommern-landtagswahl-waehlerwanderung-afd, abgerufen am 9.9.2016

3 Christian Teevs: »Wer die AfD in Berlin gewählt hat«, *Spiegel online*, 19.9.2016, http://www.spiegel.de/politik/deutschland/wahl-berlin-2016-wer-die-afd-in-berlin-gewaehlt-hat-a-1112212.html, abgerufen am 19.9.2016

4 »Umfragen zur AfD«, tagesschau.de, http://wahl.tagesschau.de/wahlen/2016-09-04-LT-DE-MV/umfrage-afd.shtml, abgerufen am 16.9.2016. In Berlin bestätigte sich der Befund bei Arbeitern und Arbeitslosen. Lediglich die Selbstständigen wählten in der Hauptstadt nicht überdurchschnittlich die AfD, sondern tendierten stark zu den Grünen. Das dürfte sich mit der unterschiedlichen Sozialstruktur und Berufstätigkeit auch unter Selbstständigen im ländlichen Mecklenburg-Vorpommern und der Großstadt Berlin erklären lassen. Siehe Christian Teevs, a.a.O.

5 Timo Steppat: »Wähleranalyse: AfD mobilisiert verängstigte Nichtwähler«, *FAZ online*, 5.9.2016, http://www.faz.net/aktuell/politik/wahl-in-mecklenburg-vorpommern/analyse-der-landtagswahl-afd-mobilisiert-veraengstigte-nichtwaehler-14415882.html, abgerufen am 16.9.2016

6 »Programm für Deutschland. Das Grundsatzprogramm der Alternative für Deutschland«, https://www.alternativefuer.de/wp-content/uploads/

sites/7/2016/05/2016-06-27_afd-grundsatzprogramm_web-version.
pdf, abgerufen am 9.9.2016, Seite 75

7 »Programm für Deutschland«, a.a.O., Seite 60

8 »Entwurf eines Gesetzes zur Erhebung einer Vermögensabgabe«,
25.9.2012, http://dip21.bundestag.de/dip21/btd/17/107/1710770.pdf,
abgerufen am 20.9.2016, Seite 8

9 Statistisches Bundesamt: »Asylbewerber-Leistungen: Mehr als 169%
mehr Leistungsberechtigte im Jahr 2015«, 5.9.2016, https://www.de
statis.de/DE/PresseService/Presse/Pressemitteilungen/2016/09/
PD16_304_222.html;jsessionid=0C78AE4D46FCD92F71534C3824
CC9AA5.cae2, abgerufen am 16.9.2016

10 Siehe Rica Sturm: »Polizei hält Demonstranten in Schach«, MDR,
16.9.2016, http://www.mdr.de/sachsen/bautzen/demo-bautzen-100.html,
abgerufen am 16.9.2016

11 »Programm für Deutschland«, a.a.O., Seite 20

12 Gustav Horn: »Der Tag, an dem Deutschland den Euro verlässt«, *Zeit
online*, 12.11.2012, http://www.zeit.de/wirtschaft/2012-11/deutschland
-euro-austritt, abgerufen am 16.9.2016

13 Siehe zum Beispiel »Brüssel trifft Apple mit 13-Milliarden-Euro-Keu-
le«, *Frankfurter Rundschau online*, 30.8.2016, http://www.fr-online.de/
newsticker/bruessel-trifft-apple-mit-13-milliarden-euro-keule,265
77320,34692752.html, abgerufen am 16.9.2016

14 René Höltschi: »Das Beihilferecht ist nur eine Krücke«, *Neue Zürcher
Zeitung online*, 30.8.2016, http://www.nzz.ch/meinung/kommentare/
eu-entscheid-im-apple-fall-das-beihilferecht-ist-nur-eine-kruecke-
ld.113909, abgerufen am 16.9.2016

15 Zacharias Zacharakis: »Wohin fließen die Griechenland-Milliarden?«,
Zeit online, 18.8.2015, http://www.zeit.de/wirtschaft/2015-08/griechen
land-paket-86-milliarden-verteilung-schulden, abgerufen am 20.9.2016

16 Markus Rose: »So viel Geld floss nach Griechenland«, *tagesschau.de*,
15.6.2016, https://www.tagesschau.de/wirtschaft/rettungspakete-101.html,
abgerufen am 20.9.2016

17 Donata Riedel: »Draghi hilft Schäuble beim Sparen«, *Handelsblatt*,
6.9.2016

18 Markus Frühauf: »Steuerzahler haben 50 Milliarden verloren«, *FAZ online*, 24.12.2015, http://www.faz.net/aktuell/wirtschaft/wirtschaftspo litik/bankenrettungsbilanz-50-milliarden-euro-verlust-fuer-steuerzah ler-13982985.html, abgerufen am 20.9.2016

19 Statistisches Bundesamt: »Nettozuwanderung von Ausländerinnen und Ausländern im Jahr 2015 bei 1,1 Millionen«, 21.3.2016, https://www. destatis.de/DE/PresseService/Presse/Pressemitteilungen/2016/03/ PD16_105_12421.html, abgerufen am 12.9.2016

20 »Jetzt klotzen!«, *Der Spiegel*, 27.2.2016, Seite 75f.

21 »Programm für Deutschland«, a.a.O., Seite 59

22 UNHCR: »Flucht und Vertreibung 2015 drastisch gestiegen«, 20.6.2016, http://www.unhcr.de/home/artikel/276e4e/5b3c815528fe b15b5876448b0/flucht-und-vertreibung-2015-drastisch-gestiegen. html, abgerufen am 12.9.2016

23 Ebd.

24 http://de.statista.com/statistik/daten/studie/249045/umfrage/anteil-der-europaeischen-union-eu-am-globalen-bruttoinlandsprodukt-bip/, abgerufen am 9.9.2016

25 http://de.statista.com/statistik/daten/studie/166229/umfrage/ranking-der-20-laender-mit-dem-groessten-anteil-am-weltweiten-brutto inlandsprodukt/, abgerufen am 9.9.2016

26 »Deutschland wird Deutschland bleiben«, *Süddeutsche Zeitung*, 31.8.2016

27 »Programm für Deutschland«, a.a.O., Seite 9f.

28 Internationale Organisation für Migration: »Migrant Arrivals on Mediterranean Reach 291175; Deaths at Sea: 3198«, 9.9.2016, http://www. iom.int/news/migrant-arrivals-mediterranean-reach-291175-deaths-sea-3198, abgerufen am 12.9.2016

29 Deutscher Bundestag, Protokoll der Sitzung vom 7.9.2016, Seite 18415, http://dipbt.bundestag.de/doc/btp/18/18186.pdf, abgerufen am 13.9.2016

30 Karlsruher Erklärung zu Terror und Sicherheit, Flucht und Integration, Beschluss des CDU-Bundesparteitages am 14./15.12.2015, https:// www.cdu.de/system/tdf/media/dokumente/beschluss-karlsruher-erklae rung.pdf?file=1, Seite 9, abgerufen am 13.9.2016

31 Carsten Luther: »Wir werden niemals akzeptieren, dass sie für immer bleiben«, *Zeit online*, 28.7.2016, http://www.zeit.de/politik/ausland/ 2016-07/libanon-fluechtlinge-syrien-bekaa, abgerufen am 9.9.2016

32 World Food Programme: »WFP muss Nothilfe für syrische Flüchtlinge weiter kürzen«, 1.7.2015, http://de.wfp.org/WFP-muss-Nothilfe-fuer-syrische-Fluechtlinge-weiter-kuerzen, abgerufen am 9.9.2016

33 World Food Programme: »Dank beispielloser Unterstützung: Ernährungshilfe für Millionen Syrer gesichert«, 29.2.2016, http://de.wfp.org/ neuigkeiten/pressemitteilungen/dank-beispielloser-unterstuetzung-er naehrungshilfe-fuer-millionen-syrer-gesichert, abgerufen am 9.9.2016

34 »Programm für Deutschland«, a.a.O. Seite 61

35 a.a.O., Seite 68

36 »Jetzt klotzen!«, a.a.O.

37 »Flüchtlinge – Bund kalkuliert bis 2020 mit 94 Milliarden Euro Kosten«, *Spiegel online*, 14.5.2016, http://www.spiegel.de/politik/deutsch land/fluechtlinge-bund-stellt-knapp-94-milliarden-euro-bis-2020-ber eit-a-1092256.html, abgerufen am 13.9.2016

38 »Weise rechnet mit 300000 Flüchtlingen im Jahr«, tagesschau.de, 28.8.2016, https://www.tagesschau.de/inland/weise-erwartet-bis-zu-300 000-fluechtlinge-101.html, abgerufen am 13.9.2016

39 Donata Riedel: »Draghi hilft Schäuble beim Sparen«, *Handelsblatt*, 6.9.2016

40 »Jetzt klotzen!«, a.a.O.

41 Ebd.

42 Diese Zitate und Angaben sowie Ausführlicheres zum Thema enthält mein Beitrag »Der Mythos vom Kampf um die Arbeitsplätze«, *Frankfurter Rundschau online*, 5.7.2016, http://www.fr-online.de/die-my then-der-rechten/mythen-der-rechten-der-mythos-vom-kampf-um-die-arbeitsplaetze,34020742,34459054.html, abgerufen am 14.9.2016

43 Deutscher Bundestag, Protokoll der Sitzung vom 8.9.2016, http:// dipbt.bundestag.de/doc/btp/18/18187.pdf, Seite 18557f., abgerufen am 14.9.2016

44 »Flüchtlinge kosten Deutschland 50 Milliarden Euro«, *Zeit online*, 1.2.2016, http://www.zeit.de/wirtschaft/2016-02/fluechtlinge-haushalt -kosten-studie-iw, abgerufen am 12.9.2016

45 Siehe dazu z.b. die Grafik zu Einnahmen, Ausgaben und Finanzierungssaldo von Bund, Ländern und Gemeinden unter http://de.statis ta.com/statistik/daten/studie/38223/umfrage/oeffentlicher-gesamt haushalt/, abgerufen am 14.9.2016

46 »Programm für Deutschland«, a.a.O., Seite 17

47 Winand von Petersdorff: »Deutschland ist der Sieger der Globalisierung«, *FAZ online*, 19.4.2014, http://www.faz.net/aktuell/wirtschaft/ wirtschaftspolitik/beste-weltweite-vernetzung-deutschland-ist-der-sie ger-der-globalisierung-12902850.html, abgerufen am 14.9.2016

48 »Studie: Deutschland ist einer der größten Globalisierungsprofiteure«, *Spiegel online*, 24.3.2014, http://www.spiegel.de/wirtschaft/studie-deutsch land-gehoert-zu-den-groessten-globalisierungsprofiteuren-a-960362. html, abgerufen am 14.9.2016

49 Jürgen Matthes: »Die missverstandene Globalisierung«, *Handelsblatt online*, 12.9.2016, http://www.handelsblatt.com/politik/international/ gastbeitrag-die-missverstandene-globalisierung/14533082.html, abgeru-fen am 14.9.2016

50 Kroh/Fetz, a.a.O. Zu beachten ist, dass die Parteibindung immer niedriger liegt als prognostizierte oder reale Ergebnisse einer Wahl. Das liegt einfach daran, dass die Wählerschaft einer Partei nie ausschließlich aus festen Anhängern besteht, sondern auch aus solchen, die sich aus Protest oder anderen aktuellen Gründen für sie entschieden haben. Die Parteibindung bezieht sich also auf so etwas wie das Stammwählerpotenzial einer Partei. Hier liegt die AfD, obwohl noch sehr jung, mit ihren insgesamt 5 Prozent bereits auf dem langjährigen Niveau der FDP.

51 »Programm für Deutschland«, a.a.O., Seite 62

52 Siehe dazu zum Beispiel Daniela Vates: »Seit Monaten überwacht«, *Frankfurter Rundschau*, 14.9.2016

53 Ebd.

54 »BKA-Statistik: Keine erhöhte Kriminalität bei Zuwanderern«, MDR

online, 8.6.2016, http://www.mdr.de/nachrichten/politik/inland/sta
tistik-fluechtlinge-kriminalitaet-bka-100.html, abgerufen am 15.9.2016

55 Bundeskriminalamt: »Kriminalität im Kontext von Zuwanderung –
Kernaussagen«, 6.9.2016, zum Download unter https://www.bka.de/
SharedDocs/Downloads/DE/Publikationen/JahresberichteUndLagebil
der/KernaussagenZuKriminalitaetImKontextVonZuwanderung/kern
aussagenZuKriminalitaetImKontextVonZuwanderung_2-2016.
html?nn=60836, abgerufen am 20.9.2016, Seite 3f.

56 a.a.O., Seite 4, Anm. 2

57 »Zuwanderungsdebatte: Sind Ausländer krimineller?« *Rheinische Post
online*, 10.1.2016, http://www.rp-online.de/politik/deutschland/zuwan
derungsdebatte-sind-auslaender-krimineller-aid-1.5681657, abgerufen am
15.9.2016

58 Siehe dazu Raoul Löbbert: »Die Freiheit der Andersbekleideten«, *Zeit
online*, 25.8.2016, http://www.zeit.de/2016/36/burkini-strand-verbot-
kleidervorschriften, abgerufen am 16.9.2016

59 »Menschenfeindlichkeit motiviert Gewalttäter«, *Frankfurter Rundschau
online*, 30.8.2016, http://www.fr-online.de/neonazi-terror/radikalisie-
rung--menschenfeindlichkeit-motiviert-gewalttaeter-,1477338,34692
780.html, abgerufen am 16.9.2016

60 »Programm für Deutschland«, a.a.O., Seite 24ff.

61 a.a.O., Seite 26

62 a.a.O., Seite 50